Contraste insuffisant
NF Z 43-120-14

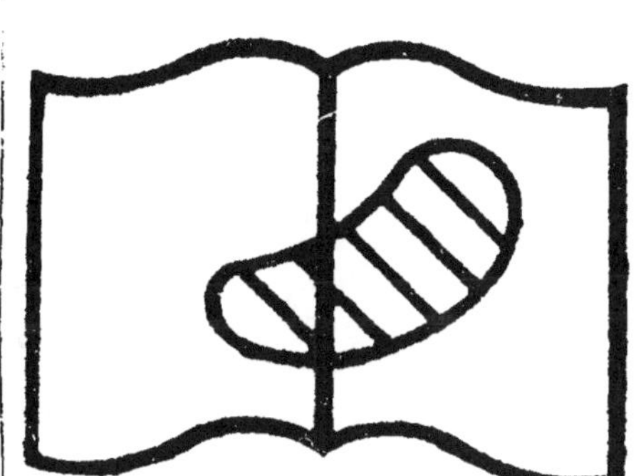

Illisibilité partielle

Valable pour tout ou partie
du document reproduit

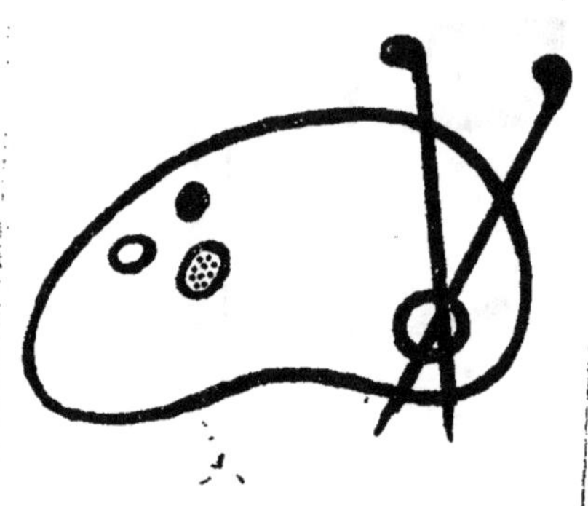

Original en couleur

NF Z 43-120-8

PIERRE-LOUIS JACOBS D'HAILLY

GENTILHOMME LILLOIS

VOYAGEUR AU XVIIe SIÈCLE

PAR

L. QUARRÉ-REYBOURBON

OFFICIER DE L'INSTRUCTION PUBLIQUE

SECRÉTAIRE GÉNÉRAL ADJOINT DE LA SOCIÉTÉ DE GÉOGRAPHIE DE LILLE

(Extrait du *Bulletin de géographie historique et descriptive* N° 2. — 1897)

PARIS

IMPRIMERIE NATIONALE

M DCCC XCVIII

(22)

PIERRE-LOUIS JACOBS D'HAILLY

GENTILHOMME LILLOIS

VOYAGEUR AU XVIIe SIÈCLE

EX - LIBRIS

DE PIERRE-LOUIS JACOPS D'HAILLY, SEIGNEUR D'AIGREMONT
Gentilhomme et voyageur lillois au XVIIe siècle.

PIERRE-LOUIS JACOBS D'HAILLY

GENTILHOMME LILLOIS

VOYAGEUR AU XVIIe SIÈCLE

PAR

L. QUARRÉ-REYBOURBON

OFFICIER DE L'INSTRUCTION PUBLIQUE
SECRÉTAIRE GÉNÉRAL ADJOINT DE LA SOCIÉTÉ DE GÉOGRAPHIE DE LILLE

(Extrait du *Bulletin de géographie historique et descriptive* N° 2. — 1897)

PARIS

IMPRIMERIE NATIONALE

M DCCC XCVIII

PIERRE-LOUIS JACOBS D'HAILLY,

GENTILHOMME LILLOIS,

VOYAGEUR AU XVIIe SIÈCLE

Le programme du congrès des Sociétés savantes à la Sorbonne en 1897, dans la section de Géographie historique et descriptive, indique comme 16e question : *Biographie des anciens voyageurs et géographes français.*

Nous avons déjà répondu trois fois à cette question :

Le 1er juin 1887, en soumettant un mémoire sur Pascal-Joseph Gossellin, géographe lillois au xviiie siècle ;

Le 12 juin 1889, nous offrions un travail sur la vie et les aventures de Gilbert de Lannoy, chevalier voyageur lillois au xve siècle ;

Le 28 mars 1894, une description du voyage de Pierre Le Monnier, voyageur lillois au xviie siècle.

Cette année, nous présentons un quatrième voyageur. Il s'agit d'un gentilhomme lillois, Pierre-Louis Jacobs d'Hailly, dont les voyages eurent pour but de se consoler de la perte de sa femme.

Les voyages de Pierre Jacobs d'Hailly font partie de la bibliothèque de la ville de Lille. C'est dans ce dépôt qu'il m'a été possible d'en prendre connaissance.

Nous trouvons dans le tome XXVI du *Catalogue des manuscrits des bibliothèques publiques de France*, Paris, p. 400-401 [1] :

« N° 525-526. Pierre-Louis Jacobs [2] d'Hailly. *Journal de voyages*, 2 volumes (183 × 125), reliure veau. »

[1] Catalogue rédigé par M. H. Rigaux, archiviste de la ville de Lille.
[2] D'après des documents authentiques, Jacobs s'écrivait indifféremment *Jacobs* et *Jacops.*

L. Quarré-Reybourbon.

Ce manuscrit n'est pas signé, mais on lit au tome I, p. 264 :
« Cherchant de trouver du soulagement aux chagrins et à l'affliction
que je résentois par la cruelle perte que j'avais faits de la personne
qui faisoit seule tous le bonheur de ma vie... » et à la page 265 :
« Je partis de Lille, le 22 aoust 1695..., nous allâmes diner à
trois lieues de Lille, dans une de mes terres nommé (sic) Aigremont... »

Le possesseur du fief d'Aigremont à Ennevelin, près de Lille,
était à cette date Pierre-Louis Jacobs d'Hailly. Il avait perdu sa
femme à Lille, en janvier 1695 (registre aux décès de la paroisse
Saint-Maurice). C'est donc bien à lui que ce journal de voyage doit
être attribué.

Le tome IX des registres aux bourgeois de la ville de Lille, fol.
147 v°, contient la mention suivante : « Pierre-Louis-Joseph Jacobs,
conseiller secrétaire du Roy, maison et couronne de France, escuier,
seigneur d'Hailly, fils de feuz Jacques et dame Anne de Blondel,
par relief, nonobstant qu'il n'auroit satisfait audit relief en dedans
l'an de son mariage, et ce en vertu d'appostille sur requeste du
xxi de febvrier 1695. Signé : B. Herreng »[1].

Après ces quelques lignes pour faire connaître l'auteur, nous
commençons l'analyse de ses voyages. L'auteur a écrit ses impres-
sions pour lui, prenant peu de soin de l'orthographe. C'était cepen-
dant un érudit. Le récit est intéressant ; il fait connaître des monuments disparus ou modifiés. Nous nous contenterons de citer les
villes par où il a passé et de décrire quelques monuments impor-
tants disparus, de préférence ceux regardant notre pays. Nous con-
servons le style et l'orthographe de l'auteur.

Pierre Jacobs d'Hailly rend compte de son voyage jour par jour,
donnant le nom de l'hôtel ou auberge où il a mangé ou logé et
une appréciation sur la manière dont il a été traité.

Tome Ier, page E : « *Recueil ou Journal de plusieurs voiages, les années 1690, 1692, 1695 et 1697. Première partie.* »

Page 1 : « *Journal du voïage en France, dans les province (sic)
de Bourgogne, Lionnais, Dauphiné; comté de Vénaissins, Pro-*

---

[1] M. H. Rigaux, *Catalogue des manuscrits des bibliothèques publiques de France,*
t. XXVI, Paris, p. 401-402.

vence, Languedoc, Guienne, pays d'Aulnis, isle de Ré, partie de la Bretagne, Touraine, Anjou et Orléannois, etc. »

Puis commence le récit : « Nous sommes parti de Paris le 3 de may 1690 où nous nous sommes mis sur le carosse de Dijon. Après avoir dîné dans un méchant village », Pierre Jacobs d'Hailly et son compagnon allèrent coucher à Melun, ville où, dit-il, il n'y a rien à voir. Ils logèrent à l'*Escu de Rostaing*, où l'on est fort bien et à bon marché.

Le 9, nos voyageurs dînèrent à Montereau, visitèrent Sens, Joigny, Espoigny, Noyers, Montbart, Sainte-Reine, et arrivèrent le 15 à Dijon, capitale du duché de Bourgogne.

Le 17, ils admirèrent à Beaune l'hôpital bâti par Rollin, chancelier du duc de Bourgogne, et le 18, ils prirent le coche d'eau pour aller coucher à Mâcon; ils visitèrent la collégiale de Saint-Pierre, où les chanoines qui la desservent sont obligés de faire preuve de noblesse de quatre races et trouvèrent le cours très agréable sur lequel se promène le beau monde.

Le 19, ils continuèrent à descendre la Saône jusqu'à Lyon; la route est fort belle, bordée de châteaux et de maisons de plaisir. Voici l'appréciation de Pierre Jacobs d'Hailly sur Lyon : « Lion, dit-il, est la première ville du royaume après Paris, à qui même le compares pour bâtiments, si l'on en exempte les hostels des grands seigneurs de la cour, et pour la multitude de ses habitans, les maisons sont habité jusque au sixième estage de mesme qu'à Paris. » L'auteur a intercalé deux planches regardant l'horloge de Saint-Jean.

La description de la ville de Lyon prend quinze pages du manuscrit de notre voyageur; il a visité tout ce qui est curieux; il a admiré les églises, l'hôtel-Dieu et surtout le collège des Jésuites. « Le collège des Jésuites, dit-il, est le plus beau collège qu'il aient dans le royaume. » La cour des élèves est toute pavée de grosses pierres et tous les bâtiments qui l'entourent sont peints à fresques, représentant des perspectives ornées d'architecture, avec les armes des provinces et villes de France où les Jésuites ont des collèges. La bibliothèque est très belle.

Pierre Jacobs d'Hailly termine la description de la ville par ces mots : « La ville de Lion est sans contredit la plus belle après Paris, mais ce qui en gâte beaucoup la beauté, c'est que les rues sont si estroites qu'à peine un carosse peut y passer... Il n'y aucune vitre aux maisons, c'est du papier huillé au lieu de vitre. Les habitans disent que c'est pour empêcher les brouillards, qui y sont fréquents, de pénétrer dans la maison. Voilà les grandes curiosités que je remarquai à Lion; nous logâmes aux *Trois rois*, où l'on est très bien.

« Le 3o, nous partimes pour Vienne; nous primes la voiture ordinaire, qui est un bateau qui part plusieurs fois la semaine. Nous avons à descendre le Rhosne jusqu'à Vienne; c'est le fleuve le plus rapide du royaume et qui est mesme assez périlleux à descendre; nous ne fumes que deux heures pour faire cinq grosses lieues. »

Nos voyageurs, après avoir vu Vienne, partirent pour Grenoble, visitèrent la Grande Chartreuse, Valence, Avignon. Pierre Jacobs d'Hailly fait une longue description de la ville, dont nous extrayons: « Les juifs ont un quartier où ils ont une synagogue qui est fort vilaine. On ferme leur quartier toutes les nuits et de jour ils ont un chapeau jaune pour les distinguer; ils exercent tous le métier de fripier. » Ils se dirigèrent ensuite sur Cavaillon et arrivèrent à Aix, dont notre auteur dit : « C'est la plus jolie et la plus agréable ville de France, elle est fort peuplée, il y a beaucoup de beau monde. » Ils visitèrent Marseille, la grotte de la Madeleine, Toulon, retournèrent à Marseille, visitèrent Arles, Tarascon, Beaucaire, où ils arrivèrent en temps de foire. Ils allèrent voir le pont du Gard, visitèrent Nîmes, Montpellier. Pierre Jacobs d'Hailly dit : « C'est la ville de France ou le sexe est le plus jolie, enjoué, affable autant qu'il se peut. » Il fait une description de la ville et du jardin du roi, le plus ancien jardin des plantes de France. Ils s'arrêtèrent à Béziers, Narbonne, Carcassonne, Castelnaudary, Toulouse, Agen, Tonneins, la Réole et arrivèrent à Bordeaux.

Bordeaux est la ville capitale de la Guyenne, située sur la Garonne, à 21 lieues de la mer. Les plus gros vaisseaux peuvent y arriver, ayant flux et reflux, ce qui rend cette ville une des plus marchandes du royaume. Pierre Jacobs d'Hailly fait connaître tout ce qui existait de remarquable dans la ville. Nos voyageurs logèrent à la *Cour royale*, où l'on est fort bien, et s'embarquèrent sur la Garonne le 12 pour descendre à Blaye; ils remarquèrent en passant au Becq Dambesc la jonction de la Dordogne à la Garonne; passage dangereux. Blaye, la première ville de la province de Saintonge, est petite. Le roi y a fait bâtir une citadelle; il y a dans cette ville une grosse garnison. Après avoir logé aux *Trois empereurs*, où on est mal couché, nos voyageurs s'embarquèrent sur la Garonne pour descendre encore jusqu'à Royan; retenus par la marée, ils n'arrivèrent en rade de Royan que sur les 2 heures après minuit et à la pointe du jour dans le port où l'on voit à 2 lieues la tour de Cordouan qui défend l'entrée de la Garonne. Royan n'était alors qu'une bourgade de pêcheurs dans le genre de Blankenberghe à la même époque. La campagne qui environne la ville ressemble à celle de la Flandre; on y pêche surtout la sardine.

Après avoir vu Rochefort, la Rochelle, nos voyageurs visitèrent Mortagne, Nantes, Angers, Saumur, Thouars, traversèrent une plaine couverte de noyers servant à faire de l'huile et arrivèrent le 3o à Richelieu, petite ville nouvellement bâtie par feu le duc de Richelieu d'une manière régulière; on y admire surtout le château, qui est un des plus beaux du royaume après Versailles.

Le 31, nos voyageurs partirent pour Tours, visitèrent Amboise, Blois, Orléans, etc. Le 8 juin, nos voyageurs dînèrent à Chartres, *aux Singes*, où l'on est passablement bien, et de là à Paris, où ils arrivèrent vers 7 heures du soir, grâces à Dieu en très bonne santé, sans avoir senti la moindre incommodité et sans avoir fait de mauvaises rencontres.

A la page 12 du manuscrit se trouve :

Suite du Journal du voiage de France dans les provinces de Picardie, Normandie et Bretagne, comté de Ponthieu, avec une partie du Mayne.

«Ayant veu l'année 1690 les provinces principales du royaume de France, n'ayant pas veu la Normandie et la Bretagne, je résolus avec un ami d'aller voir ces belles provinces, la guerre empêchant de sortir du royaume et d'aller promener dans les pays qui ne sont pas de la domination du Roy. Nous partimes de Lille le 5 septembre 1692 et nous primes le carrosse de Paris jusques à Arras, 11 lieues.»

Après avoir dîné à Pont-à-Vendin, nos voyageurs arrivèrent à Arras. Pierre Jacobs d'Hailly consacre sept pages à la description de la ville. «Nous allâmes, dit-il, voir l'abbaie de Saint-Vast, qui est la plus riche abbaye de tous les pays bas. L'église en est parfaitement belle et fort grande, ornée d'une tour nouvellement bastie en dome qui est d'une magnificence surprenante; ce sont trois ordres d'architecture les uns sur les autres, scavoir le corinthien, l'ionique et le dorique, le tout couronné d'un dome tout doré; c'est l'une des plus haute tour des Pays Bas; elle a cousté 40,000 escus. La bibliothèque est fournie de tous les meilleurs livres que l'on trouve et remplie d'une quantité prodigieuse de manuscrits très-rares; la malpropreté et la négligence des moines les laissent périr, c'est une pitié de voir tant de beaux livres se gâter et pourir les uns sur les autres sans estre arrangés; pour ce qui est du bastiment il est fort ancien et n'a rien de magnifique. Le cardinal de Bouillon en est abbé commendataire. »..... «La cathédrale, dédiée à Notre-Dame, c'est l'une des belles églises que l'on puisse voir et des plus régulière. Le chapitre de cette église est très considérable; il est composé de 40 chanoisne et 52 chapelains; tous ces canonicats sont à la colcision de l'eveque; il y a un très beau thresor dans cette église, rempli de très belles reliques et de plusieurs mitres toutes brodés de perles; une des belles reliques qu'il y a et qui est au dessus du grand autel, c'est de la sainte manne qui a tombé au désert pour nourir les israélites après le passage de la mer Rouge; nous allames ensuite voir léveché qui n'a rien de beau que le jardin qui est très grand...» Nos voyageurs ayant repris la poste arrivèrent à Amiens.

Après avoir visité cette ville, ils allèrent à Abbeville, à Eu, au Tréport, puis à Dieppe, et arrivèrent au Havre. Pierre Jacobs d'Hailly consacre plusieurs pages à la description de cette ville, dont le port est le plus considérable de la province, situé à l'embouchure de la Seine qui se jette dans la mer. Il admire particulièrement les deux grosses tours qui se trouvaient à l'entrée du port. Nos voyageurs logèrent au *Grand monarque*, où l'on est parfaitement bien. Ils partirent pour Harfleur, passèrent par les Forges, Lislebonne, Caudebecq, et arrivèrent à Rouen, l'une des plus grandes villes du royaume, et se dirigèrent sur Caen, en passant par la forêt des Molineaux, autrefois remplie de voleurs, Pont-l'Évêque, et arrivèrent à Caen; de cette ville, ils allèrent à Avranches; ils logèrent aux *Trois rois*, où l'on boit le cidre le plus renommé de la Normandie, et allèrent au mont Saint-Michel. Ce voyage était difficile alors. En quittant le mont Saint-Michel, nos voyageurs se dirigèrent sur Saint-Malo, ville de la haute Bretagne, bâtie au milieu de la mer sur un rocher dit l'Isle d'Aaron. Pierre Jacobs d'Hailly fait une curieuse description de cette ville, où on ne fait aucun commerce; elle n'est habitée que par des gens de mer, armateurs et corsaires qui désolent et ruinent le commerce des ennemis.

Après avoir visité Châteauneuf, Rennes, Saint-Brieuc, Bellisle, Morlaix, Brest, le premier port et le plus renommé du royaume sur l'Océan, où se tiennent les gros vaisseaux du roi, allèrent à Landerneau, Pontivy; nos voyageurs revinrent à Rennes, où ils restèrent trois jours pour y attendre le carrosse de Paris, où ils arrivèrent le 28 par la porte de la Conférence, grâces au bon Dieu, en bonne santé.

A la page 264, le manuscrit porte :

Suite du Journal du voiage dans les provinces de Picardie, Champagne, Lorraine, Alsace, les Trois évesché, Duché du Bar avec une partie de la Brie.

C'est à la suite de ce titre que se trouve la phrase en partie reproduite au commencement du travail; elle a permis de déterminer que l'auteur du voyage est Pierre Jacobs d'Hailly.

«En cherchant à trouver du soulagement aux chagrins et à l'affliction que je ressentois par la cruelle perte que j'avais faits de la personne qui faisoit seule tous le bonheur de ma vie, je voulu esprouver si le voïage ne pouvais pas faire quelques effets sur mon esprit accablé de douleur, en dissipants les mortelles chagrins que je ressentois d'une si cruelle séparation, à cet effet je résolus d'aller voir le reste du royaume de France que je n'avois pas encore veu, non plus que les conquestes du Roy sur les bords du Rhin.

«Je partis de Lille le 22 aoust 1695, avec le mesme amis que ma toujours tenu fidelle compagnie dans mes deux précédens voïages.»

Nos voyageurs allèrent dîner à trois lieues de Lille, dans une des terres de Pierre Jacobs d'Hailly, nommée Aigremont, passèrent par Pont-à-Marcq, Bersée, virent les abbayes de Flines et d'Anchin et allèrent coucher à Douai. Notre auteur consacre cinq pages à la description de cette ville. «Nous commençames, dit-il, à voir la ville par la principale église, qui est St-Amé; c'est une collégiale; elle est très belle, particulièrement le cœur, qui est nouvellement bastis. La chapelle du St-Sacrement de miracle est très considérable par les ornements et l'argenterie dont elle est ornée les grands jours, de mesme que le grand autel du cœur ou l'on voit de très grandes pièces d'argenterie. Les orgues de cette église sont parfaitement belles.» Pierre Jacobs d'Hailly parle des autres monuments et de l'Université : «L'Université a esté fondé et establis lan

1563 par Philippes, second roy Despagne, à l'instance du pape
Pie IV, et son successeur Pie V la confirma en 1569 : elle est générale pour toutes les sciences ; il y a 4 college pour la philosophie
scavoir : Leroy, Anchin, Marchiennes et Saint-Vast. Anchin et
Marchiennes sont gouvernées par les Jésuites, à qui les moines de
Marchiennes et d'Anchin donnent pension ; les moines de St-Vast
enseignent dans leur collège et celuy du Roy est regenté par des
prestres séculiers qui ont pension du Roy. Les Jésuites enseignent
aussy la théologie mais lon est obligé daller prendre ses degrès au
collège publicq ou lon enseigne aussy la théologie, le droit et la
médecine, toutes les leçons sont données par le Roy. L'Université à
sa justice particulière ; outre celle la, il y a la gouvernance qui est
la justice establie pour la campagne. » Nos voyageurs logèrent au
Lion d'or, où l'on est très bien, et partirent le 24 pour aller coucher à Cambrai.

« Cambray est la ville capitale du Cambrésis, située sur la rivière
de Lescaut, qu'un petit bras traverse ; c'est un archevesché depuis
l'an 1559 que le pape Paul 2 lériga d'evesché en archevesché à la
prière de Phes 2° roy d'Espagne. Monsieur l'abbé Fenelon, precep-
teur des enfans de France, est archevesque duc de Cambray et
comte du Cambresis, prince du Saint-Empire. » Pierre Jacobs
d'Hailly consacre sept pages à la description de cette ville. Après
avoir parlé du marché, du bâtiment de la maison (maison de ville)
au-dessus duquel se trouve l'horloge où est le fameux Martin de
Cambray et sa femme, qui frappent l'heure avec un marteau qu'ils
ont à la main. Il dit : « Nous commençames à voir la ville par la
métropolitaine dédiée à Nostre-Dame, qui est une très belle église,
particulièrement le cœur ; le jubé est parfaitement beau tout de
marbre noir enrichie de feuillage de cuivre ou autres ornements,
le trésor de cette église est très riche de mesme que celuy de la
chapelle de Nostre Dame de Grace qui s'est rendue fameuse par tous
le monde par les miracles qui se font journellement. L'autel de
cette chapelle est touiours ornée d'une magnificence surprenante,
toute y est d'argent, le devant d'autel, les passez, le tabernacle ;
on un mot jusques à la clochette ; on nous fit voir l'image miracu-
leuse de la vierge qu'on dist avoir esté peinte par saint Luc, elle
est du costé de l'évangile dans une niche fermé d'une grille de fer
doré et d'une porte de bois, cette sainte image est de mesme que
les médailles que l'on en voit ; le visage est fort brun. Ce tableau

est enrichis d'une quantité prodigieuse de pierreries. Il y a dans cette chapelle plus de cinquante grosses lampes d'argent; se sont tous dons que l'on y a fait; il y a tout en haut, à un pied près de la voute, 20 ou 25 cornettes ou estendarts que les espagnols ont offerts à la vierge les ayant pris sur les françois; dans les croisées à droite il y a une horloge qui fait tourner quand l'heure sonne tous les misteres de la passion et marque outre l'heure, les mois, les iours, la lune et le cours du soleil dans le zodiaque; après avoir veu le dedans de l'eglise nous montames à la tour qui est l'une des plus belles flesches du monde, la flesche est aussy haute que la tour, l'on monte pour arriver aux galleries qui sont au pied de la fleche 300 degrez; cette fleche est une ouvrage des plus hardie que l'on puisse faire toute de pierre de taille travaillé à jour sans aucun soustiens, barauds de fer ou ancre, et la maçonnerie na pas plus de trois quarts de pieds d'épaisseur, l'on voit dans cette tour une grande quantité de grosse cloche particulièrement une qui surpasse tous les autres que l'on appelle Marie fontenoise; cette église métropolitaine est déservie par 50 chanoisne et 95 autres ecclésiastiques dont les canonicats sont les plus honorables et les meilleurs de tous les pays bas.

« Ayant veu tous ce qu'il y avoit à voir dans cette église nous allames voir l'archevesché qui est la auprès; c'est un très beau battiment, le jardin est très beau. L'abbaye de Saint-Aubert, de l'ordre de saint Augustin, n'en est pas éloigné; le quartier de l'abbé et celuy des religieux est très magnifiquement basties, quant à leglise il ni y a rien de beau quoy quelle soit nouvellement bastie; le quartier de l'abbé est occupé par le comte de Montbron, gouverneur de Cambray et Cambrésis. »

En quittant Cambrai, nos voyageurs visitèrent Saint-Quentin, Laon, La Fère, Liesse, Corbigny, Reims, Chalons, Rethel, Charleville, Sedan, visitèrent l'abbaye de Mousson, puis Stenay, Renay, Verdun et arrivèrent à Metz, dont Pierre Jacobs d'Hailly fait une longue description ainsi que pour Nancy, visitèrent Saint-Nicolas, Lunéville, Blamont, Sarrebourg, Phalsbourg, Saverne et arrivèrent à Strasbourg. Ils prirent une chaise de poste le 28 pour aller à Bâle, où ils parvinrent après avoir vu Brisach et Molsheim.

Bâle est la ville capitale du canton de ce nom. Pierre Jacobs d'Hailly consacre huit pages à la description de la ville. Voici ce

qu'il dit de la *Danse des morts*, d'Holbein, qui était alors en bon
état : «L'on parle partous de la danse des morts de Basle, c'est
aussy lune des belles pièces que l'on puisse voir et la plus naturel-
lement peinte.» Le 2 octobre au matin, nos Lillois prirent un petit
bateau de 3 pieds et demi de large et de 12 pieds de long pour
descendre le Rhin et aller voir Huningue, ville nouvelle, plutôt
forteresse que le roi a fait bâtir pour tenir les Suisses en respect;
elle commande la ville de Bâle, où ils retournèrent coucher.

En quittant Bâle, nos voyageurs revinrent par Molsheim, Brisach,
Colmar, Schelestadt, Matzenheim, et rentrèrent à Strasbourg.
Pierre Jacobs d'Hailly consacre dix-neuf pages à la description de
cette ville. Il a intercalé dans son manuscrit trois gravures représentant la cathédrale. Nos voyageurs logèrent à la *Table royale*,
traiteur français, où ils furent parfaitement bien. Le 11, ils partirent pour aller séjourner quelques mois à Paris avant de retourner
chez eux, en passant par Kitelheim, Saverne, Phalsbourg, Sarrebourg, Blamont, Herdeviller, Lunéville, Saint-Nicolas, la Rochelle.
Le 15, ils arrivèrent à Nancy, où ils achetèrent des ouvrages en
bois de Sainte-Lucie et les firent emballer. Le 16, ils partirent pour
Toul, passèrent par Saint-Aubin, Nétancourt, Fresne, Châlons-
sur-Marne, Bierge, Étampes, Montmirail, la Ferté-sous-Jouarre,
Meaux.

Le 23, nos voyageurs allèrent voir le Fresne, très belle maison
appartenant aux duc de Nevers, dînèrent à Claye, mangèrent à *la
Poste*, où l'on est très bien, et allèrent voir à Vaux-le-Vicomte la
fameuse maison que Fouquet, surintendant, fit bâtir et où il reçut
Louis XIV et sa cour. Ayant bien promené dans les jardins, ils
prirent la route de Paris, où ils arrivèrent en parfaite santé.

La page 401 du manuscrit porte :

*Suite du voiage de France dans les provinces de Picardie, Beauvoisis,
Pays chartrains, Vendosmois, Touraine et Beausse.*

«Ennuyé de rester chez moy inutile et l'inclination de voïager
me continuant toujours, je fis parti avec un ami d'aller voir une
sœur qui demeuroit au voisinage de Tours.»

«Nous partimes le 9° de septembre 1697; nous allames diner à
Béthune, qui est éloigné de 7 lieues.»

Après avoir visité Béthune, Arras, Amiens, Beauvais, Chaumont,

Dreux, Chartres, Vendôme, Château-Renault, nos voyageurs arrivèrent à Tours; ils partirent pour Fouchault, but et terme de leur
voyage; ils restèrent chez M^{mo} la marquise de F... jusqu'au 3 octobre, dans un très gros château où ils furent comblés d'amitiés.

Le 3, nos voyageurs revinrent, passèrent par Iseure, Blois,
Saint-Laurent-les-Eaux, Cléri, Orléans, Arthenay, Angerville, Linas,
Montlhéry, Lonjumeau, où l'on voit un magnifique château appar-
tenant au marquis d'Effiat, et rentrèrent à Paris.

Les pages 427 à 430 de ce volume sont consacrées à la «Table
générale des villes où j'ai passée.»

Tome II, p. 9 : *Recueil ou journal de plusieurs voiages faits les années
1697-1698. Seconde partie.*
Page 1. Journal du voiage des Pays-Bas, dans la Flandre,
Haynaut et Artois.

«Ennuyé d'estre tousiours dans une ville ou le plus cuisant chagrins qu'un homme peut resentir dans la vie m'est arrivé et qui se
présente continuellement à mon esprit, n'etant dissipe de rien par
le peu d'affaires qui m'occupoient, je fis parti avec plusieurs de
mes amis d'aller nous promener dans les villes des Pays-Bas qui
sont sous la domination espagnole et hollandoise, ce que nous
remismes à exécuter aussy tost que la paix sera faite.»
Nos voyageurs partirent de Lille le 30 mai 1697 pour aller dîner
à Tournai. Pierre Jacobs d'Hailly consacre neuf pages de son manuscrit à l'histoire et description de cette ville intéressante. Le 31, ils
allèrent à Condé en passant par Mortagne, visitèrent l'abbaye de
Crepin, puis Bossut et Saint-Guislain, Mons, Maubeuge. Voici ce
que dit Pierre Jacobs d'Hailly sur cette ville : «Maubeuge est véri-
tablement une place de guerre; ce qui la rend considérable c'est le
chapitre fondé par sainte Aldegonde.» Nos voyageurs partirent pour
Bavai et arrivent à Valenciennes; notre auteur fait une description intéressante de cette ville : «Nous commençames à voir la
ville par l'église principale, qui est Notre-Dame la Grande; elle est
très belle et beaucoup enjolivée d'ouvrages de marbre. Le jubé est
parfaitement beau, il est tout de marbre. Ce sont les moines de
l'abbaye d'Hasnon qui desservent cette église.»
«Le 5 nous partimes à l'abbaye de Vicogne qui est éloigné de
2 l. de Valenciennes. C'est l'une des plus belles abbayes et des
plus agréables que l'on puisse voir. L'église est parfaitement belle,

très bien ornée et embellie d'une grosse quantité d'ouvrages de
marbre. Le grand autel est d'une beauté surprenante, les moines
ne négligent rien pour rendre leur église des plus belles et des plus
magnifiques. L'on nous fit voir ensuite l'abbaye qui est des mieux
basties et qui correspond à l'esglise. Il y a une très belle bibliothèque remplie de manuscrit très rares que l'on avoit sauvé a cause
de la guerre. Il y a un escalier pour monter à cette bibliothèque
que l'on estime une merveille d'architecture. Le refectoire resemble
plus tost pour sa grandeur a une église qu'a toute autre chose; nous
vismes ensuite le quartier de l'abbé ou il y a un très beau jardin
avec un estang au bout. La basse cour t de cette abbaye est grande
comme une citadelle, cette abbaye est de l'ordre de prémontré. Le
Cardinal de Bouillon en est abbé. Ayant veu cette abbaye nous allames à St Amand 2 l.; l'on est toujours au milieu des bois...
Tout ce qu'il y a a voir est l'abbaye, du mesme nom que la ville,
qui est la plus belle et la plus magnifique qu'il y ait dans les dix-
sept provinces et dans la France, nous allames voir un moine que
je conoisois beaucoup qui se donna la peine de nous faire voir
l'abbaye d'un bout a l'autre.

« Nous commencames par l'église qui est la pièce la plus superbe
et la plus belle que l'on puisse voir; l'on a de la peine à croire qu'un
abbé seul ait entrepris un tel ouvrage n'appartenant qu'aux princes
de faire faire des ouvrages si distinguez; elle est d'une beauté et
d'une magnificence qui surprend, rien n'y est espargné; les petites
nefs sont doubles a deux estages, le cœur est à la hauteur et de
plein pied du 2e estage, l'on monte trente cincq degrés de marbre
pour y aller, les murailles des deux costez en sont aussy revestues,
orneez de colonnes de différentes couleurs, les formes des religieux
sont d'une très belle boiserie qui correspond au reste, l'autel est
très magnifiquement orné toujours en argent, il y a un tableau de
Rubens que l'on estime beaucoup, c'est le martyre de St Estienne.
Les plus belles et les plus grandes orgues du pays se voient dans
cette église; elles sont aussi bonnes que belles, ce qui est le prin-
cipal; l'on y travaille à un portail au dessous des orgues qui sera
très magnifique, nous ne pumes pas voir le thresor de cette église
ni les ornements parce que tout estoit sauvé pour la guerre; ayant
veu l'église nous allames voir l'abbaye qui est génerallement toute
rebastie de neuf, tout en est magnifique. Vous entrez d'abord dans
une grande cour entourée de galléries au bout de laquelle est le

quartier de l'abbé, ou il y a de très beaux appartements, le refectoire, la salle de récréation, les cloistres, les jardins, tout y est d'une très grande beauté; l'enclos de cette abbaye contient près de trois lieues de tour, aussy y a il dans ce clos, bois, estangs, prairies, et terres à labour avec des allées d'arbres à perte de veue. Cette abbaye est de l'ordre de St Benoist, l'une des plus riches de la Flandre sans estre en commande; l'on fait monter son revenu a 6o,ooo escus. Les abbés sont seigneurs spirituels et temporels de la ville; nous mangeames un morceau a l'abbaye ou nous avons bu d'excellent vin.

« Nous en partimes à 3 heures pour aller coucher à Douay qui en est éloigné de 5 l. l'on est presque tousiours au milieu des bois; nous passames à une lieue des abbayes de Marchiennes et d'Anchin qui sont de très belles et fort riches abbayes de l'ordre de St Benoist; nous passames aussy près de l'abbaye de Flines ou sont des religieuses de l'ordre de St Bernard; l'on auroit raison de dire que c'est le pays des moines puisqu'en quatre lieues de long et 3 de larges il y a 8 ou 9 abbayes. . . . »

Après avoir revu Douai, Cambrai, Arras, ils restèrent quatre jours à Béthune près d'un ami intime; pendant ce séjour, Pierre Jacobs d'Hailly nous dit : « Nous allames voir la maison du comte de Blangerval à Annequin, qui est la plus grosse et la plus belle maison du pays d'Artois, elle est à 2 l. de Bethune; l'on y voit une grosse quantité de tableaux très rares que l'on estime infiniment, la plupart sont des portraits des ancestres fait par Vandick; il y a une Leda d'un autre peintre qui est estimée un chef d'œuvre de peinture, les jardins et les appartements sont très beaux. . . . »

En quittant Béthune, nos voyageurs visitèrent l'abbaye de Chocques, de l'ordre de Saint-Augustin, passèrent à Lillers et arrivèrent à Aire, qui possède une collégiale intéressante; après avoir mangé à la *Clef d'or*, où l'on n'est pas bien, ils se dirigèrent sur Saint-Omer.

Pierre Jacobs d'Hailly consacre neuf pages à la description de cette ville. Après avoir parlé de la cathédrale, qui existe encore, il dit : « Nous allames a l'abbaye de St Bertin qui est l'une des plus riches et des plus considérables abbayes des Pays Bas; elle est de l'ordre de St Benoist; elle a sa juridiction particulière dans la ville tant pour le temporel que pour le spirituel; l'eglise est parfaitement belle, toute couverte de plomb de mesme que l'abbaye, ornée

d'une belle tour ou il y a une très belle sonnerie. Pour ce qui est
du dedans de l'eglise, elle est d'une beauté achevée dans le goust
gotique; il y a cent choses a remarquer; nous commencames par le
cœur qui est très bien orné, les formes sont d'une très belle boiserie. Le jubé est tout en marbre orné de bas reliefs de marbre
blanc qui représentent la vie de S¹ Bertin, on les estime beaucoup;
l'autel est tout de marbre blanc et noir avec un grand tabernacle
d'argent et de cuivre doré qui est d'une grande magnificence; il y
a au-dessous du tabernacle un soubassement que l'on ne découvre
que les grandes festes, qui est tout d'or massif et de vermeil, ou il
y a une prodigieuse quantité de pierreries brutes et polies d'une
grosseur surprenante. Il y a un diamant qui est aux clous des
pieds d'un christ en croix que l'on estime 5,000 escus; toute l'argenterie et les ornements qui servent à cet autel sont d'une magnificence extraordinaire : une des choses curieuses qu'il y a a voir dans
cette église sont les tableaux anciens d'Albert Durer; les plus es-
timés sont ceux qui enferment le soubassement du grand autel;
ayant vu l'esglise nous allames voir l'abbaye qui est aussy très
belle; les appartements du quartier de l'abbé sont meublez pour y
loger un prince tant les meubles y sont magnifiques; les réfectoires
des moines pour l'hiver et pour l'esté sont grands comme des
églises; le clos de cette abbaye entreprend la moitié de la ville;
chaque moine a son jardin particulier, et ceux qui sont en charge
ont leurs appartements séparez du quartier commun. Mons' de
Béthunes Desplanques en est présentement abbé; il tient table, a
un train et équipage de seigneur. » Nos voyageurs allèrent ensuite
visiter l'abbaye de Clairmarais ainsi que les îles flottantes, et partirent le 17 pour Dunkerque.

Dunkerque est le port le plus considérable que la France possède en Flandre. Pierre Jacobs d'Hailly décrit la ville d'une manière intéressante, en faisant valoir son importance. Nos voyageurs
logèrent à l'Estoile; où l'on est très mal et très cher, et partirent
pour Berghe-Saint-Vinoc; notre auteur, en nous faisant connaître
la ville, dit : « L'abbaye de S¹ Vinoc qui est située sur une hauteur
au bout de la ville, il n'y a que le cœur de l'eglise qui mérite d'etre
veu et le quartier de l'abbé, le reste de l'abbaye n'estant pas encore
restabli ayant esté bruslé; cette abbaye est de l'ordre de S¹ Benoist. »

Le 20, nos Lillois allèrent coucher à Ypres en passant par Poperinghe, ville renommée pour le commerce des houblons. Ypres, grande ville, bien bâtie, possède une belle cathédrale, des halles incomparables. Ils partirent le 21, visitèrent l'abbaye de Messines, s'arrêtèrent à Warneton, passèrent à Quesnoy-sur-Deule, à Wambrechies, visitèrent l'abbaye de Marquette qui, selon l'avis de Pierre Jacobs d'Hailly, « est l'une des belles abbayes de femmes que l'on puisse voir, tant par sa situation au milieu des bois que par d'autres beautés qu'il y a a voir tant dans l'esglise que dans la maison; cette abbaye est de l'ordre de Cisteaux ou de St Bernard ». Ils arrivèrent ensuite à Lille et finirent leur voyage en parfaite santé.

.A la page 63 du manuscrit se trouvent les mots suivants :

Suite de Journal du voïage des Pays-Bas dans la Flandre espagnoles, Zélande, Hollande et Brabant Hollandois et Espagnols.

« La paix conclue à Ryswick en 1697 nous donnant la liberté de voir les provinces des Pays-Bas qui ne sont pas sous la domination du roi, nous nous rejognismes, la mesme compagnie du voiage précédent, comme nous l'avions projetté dès lors, pour aller voir le reste des Pays Bas que nous n'avions pas encore veu, si ce n'est quelques villes de Flandre espagnolle que nous avions veu estant très jeunes.

« Nous sommes partis de Lille le 3 juillet 1697 pour aller coucher à Ypres. »

Le 4, nos voyageurs prirent la barque de Bruges, passèrent le fort de Knock, Dixmude, petite ville démantelée, Nieuport, petite ville bâtie dans les marais, que la négligence des Espagnols laisse ruiner, et arrivèrent à Bruges.

Bruges est la seconde ville de la Flandre flamengante, à 3 lieues de la mer, au milieu de plusieurs canaux qui lui donnent communication avec les principales villes des dix-sept provinces. Pierre Jacobs d'Hailly consacre dix pages à la description de cette ville qui était encore importante à cette époque. Ayant logé à la *Porte d'Or*, où on est très bien, nos voyageurs prirent la barque pour aller à Ostende.

Après avoir visité Ostende, nos voyageurs se dirigèrent sur Lécluse, qui était encore l'un des quatre ports de mer de la Flandre appartenant aux Hollandais. Ils continuèrent leur route en allant à Flessingue et Middelbourg; le 10, ils prirent des chariots pour faire le tour de l'île de Walcheren, puis allèrent à Rotterdam, à Delft, partirent pour la Haye, par la barque, puis pour Leyden, Harlem et arrivèrent à Amsterdam.

Amsterdam est sans contredit l'une des plus belles et des plus riches villes du monde, bien bâtie, bien peuplée, fort marchande. Après ce préambule, Pierre Jacobs d'Hailly consacre onze pages à la description complète de la ville, qui est fort remarquable. Nos Lillois logèrent à *la Bible*, où on n'est pas bien.

Ils visitèrent ensuite les villes sur les bords du Zuiderzée, le village de Saardam, partirent pour Utrecht et passèrent par Breda pour arriver à Anvers. Pierre Jacobs d'Hailly consacre quinze pages à la description d'Anvers. « C'est une très belle ville, la plus marchande des Pays-Bas. » Nos voyageurs logèrent au *Petit Laboureur*, où l'on est bien, et partirent de grand matin pour Malines, et allèrent à Bruxelles, en passant par Wilvorde. Pierre Jacobs d'Hailly consacre onze pages à la description de Bruxelles et huit à celle de Gand. Nos Lillois se dirigèrent sur Courtrai, par Harlebecque, puis par Menin et par les villages d'Halluin, Roncq, Bondues, ils rentrèrent à Lille en parfaite santé, sans avoir essuyé le moindre malheur en route.

La lecture de ces voyages, d'une bonne écriture, fait connaître comment on pouvait voyager à la fin du xviiᵉ siècle, et relativement vite.

Pierre Jacobs d'Hailly donne des renseignements intéressants sur un grand nombre d'abbayes, de monuments et d'objets disparus.

Parmi les hôtels indiqués par notre voyageur, un certain nombre existent encore aujourd'hui. Ayant parcouru les mêmes contrées que lui, nous avons eu parfois l'occasion de loger dans les hôtels où il était descendu deux siècles avant nous.

La bibliothèque de la ville de Lille possède un autre manuscrit de voyages du même auteur; nous croyons devoir l'analyser sommairement, il a, comme les précédents, l'avantage d'être intéressant et instructif. Il s'agit d'un voyage en Italie.

Nº 527, Pierre Louis Jacobs d'Hailly : « Journal du voiage d'Italie fait en l'année 1699-1700. »

Sur papier, 176 pages, plus les pages préliminaires A, B, etc., 218 sur 160 millim. Couvert parchemin.

Page 1re : « Conservant touiours l'inclination de voiager pour
voir et connoitre les mœurs et manières estrangères et estant dans
une pleine liberté de le pouvoir faire, je fis parti avec un ami
intime d'aller voir l'Italie que la guerre m'avoit empêché de voir
passé plusieurs années; nous résolumes de partir le 23 juillet 1699
ce que nous exécutâmes.

« Nous partimes donc de Lille le 23 juillet et allames diner à
Hulluch chez des amis. » Le lendemain nos voyageurs gagnèrent
Arras, ils logèrent au *Grand Cerf*, où l'on est très bien.

Le 25, ils partirent de grand matin pour Roye et allèrent coucher à Senlis. Ils arrivèrent à Paris où ils séjournèrent jusqu'au
15 août, n'ayant pu trouver de place à la diligence de Lyon avant
ce jour-là. Le séjour à Paris leur fut agréable.

Le 15 août, nos voyageurs partirent à 4 heures du matin pour
Lyon. La description du voyage en France que Pierre Jacobs
d'Hailly va exécuter a été faite par lui dans son journal des
voyages, 1690. Nous reprendrons le récit le 8 septembre à l'ar-
rivée à Fréjus, ville ancienne, d'où l'on alla coucher à Cannes;
cette ville était loin alors de l'état où elle se trouve aujourd'hui.
Après avoir logé au *Grand Logis*, où l'on est fort bien, ils partirent
de grand matin pour Nice en passant par Antibes, dernière ville
de Provence et du royaume, et arrivèrent à destination par une
route pleine de dangers.

Nice est la ville capitale du comté du même nom appartenant
aux ducs de Savoie, ville entourée de montagnes, commerce de
soie. Cette ville n'était pas encore une station balnéaire pleine d'at-
traits et de plaisirs. Nos voyageurs logèrent à l'*Auberge royale*, où
l'on est fort bien.

Le 10 octobre, à 8 heures, ils montèrent à cheval pour passer
les montagnes, traversèrent un certain nombre de villes et arrivèrent à Turin, où ils restèrent sept jours, passèrent par Montcar-
lier, Villeneuve, Asti, Alexandrie, ville de l'État de Milan; ils dinè-
rent aux *Trois Rois*, où l'on est très mal, et se remirent en route.
Ils furent poursuivis par des brigands, auxquels ils échappèrent
grâce à leurs chevaux, et arrivèrent à Novi, traversèrent un beau pays
et les Apennins pour entrer à Gênes, puis se dirigèrent sur Pavie,
visitèrent et admirèrent la Chartreuse, continuèrent leur route
pour Milan, s'embarquèrent pour les îles Borromées, et virent la
grande statue de saint Charles Borromée, dont Pierre Jacobs

d'Hailly dit : « C'est la plus grande statue qu'il y ait présentement sous le ciel. »

Nos voyageurs passèrent ensuite par Marignan, Lodi, Parmesan, Cazal, Plaisance, San Dominno, Castel Guelfo et arrivèrent à Parme. Ils se remirent en route pour Reggio, Bologne, Florence, Pise, Livourne, Sienne, Viterbe et arrivèrent à Rome exténués de fatigue. Ils descendirent à l'*Escu de France*, près la place d'Espagne, où ils furent bien.

Nos voyageurs restèrent longtemps à Rome, à en juger par l'étendue du travail de Pierre Jacops d'Hailly sur l'histoire romaine, l'histoire de la ville de Rome et la description de ses monuments, travail que nous ne pouvons analyser. Nous nous contenterons de reproduire le texte qui regarde la France. L'auteur dit quelques mots seulement de l'académie française de peintures et de sculptures, à qui le « roy donne 100 escus de pension à chacun à sçavoir à six peintres et 4 sculpteurs et au modèle architecte que l'on envoie de France, etc. » Il cite les travaux des pensionnaires en train d'exécution, puis parle rapidement de l'église Saint-Louis-des-Français.

« Nous allâmes voir l'esglise de St Louis qui appartient à la nation françoise ; cette esglise est desservie par six prestres ou chapelains y compris 2 lorrains et 2 savoiards qui vivent en communauté. Cette esglise est très jolie pour Rome et seroit remarquable pour un autre endroit ; elle a trois nefs. L'on y voit de très belles peintures dans les chapelles, et celle du maitre autel, une Assomption de Bassan, est l'un des meilleurs tableaux que l'on voit à Rome ; le tableau de saint Martin de sa chapelle est du Caravaggio et aussy très estimé. La chapelle de St Louis est la plus belle et la plus magnifique de cette église, toute dorée depuis le bas jusqu'au sommet du dome. L'hospital de la nation française est joint à cette eglise. On y traite les pèlerins trois jours durant, et les prestres pèlerins ont 5 sols par jour de plus. »

Ce manuscrit est de moins bonne écriture que le *journal des voyages*. Il s'arrête à la description de l'église de Saint-Jean-de-Latran.

Les pages 175 et 176 contiennent les noms des villes et lieux par lesquels les voyageurs ont passé.

Le voyage est intéressant pour les personnes qui connaissent l'Italie. Il rappelle bien des monuments et des inscriptions qui n'existent plus aujourd'hui.

Pierre Louis Jacobs d'Hailly est aussi l'auteur d'un ouvrage intitulé : *Notes sur les villages de la châtellenie de Lille*, décrit sous le n° 609 du susdit catalogue.

Le beau château d'Aigremont, à Ennevelin, propriété de Pierre Jacobs d'Hailly, a été rasé à la Révolution. Il ne reste plus que la porte de la ferme.

La propriété appartient actuellement à M. le comte Cavé d'Haudicourt, qui l'hérita de son oncle, M. le comte Déliot de la Croix.